Sabrina Mello   Tatiana Vial

# PROPÓSITO DE VIDA

## O DIÁRIO

1ª edição

São Paulo, 2018

Copyright© 2018 by Editora Leader
Todos os direitos da primeira edição são reservados à **Editora Leader**

*Diretora de projetos:* Andréia Roma
*Diretor executivo:* Alessandro Roma
*Apoio editorial:* Daniela Izzo
*Produção editorial:* Taune Cesar
*Atendimento ao cliente:* Rosângela Barbosa, Juliana Corrêa e Liliana Araujo

*Capa e projeto gráfico:* Roberta Regato
*Revisão:* Miriam Franco Novaes

Dados Internacionais de Catalogação na Publicação (CIP)
Bibliotecária responsável: Aline Graziele Benitez CRB8/9922

M481p    Mello, Sabrina
    Propósito de vida: o diário / Sabrina Mello, Tatiana Vital. – 1.ed. – São Paulo: Leader, 2018.

ISBN: 978-85-5474-055-9

1. Autoajuda. 2. Equilíbrio pessoal. 3. Diário.

I. Vital, Tatiana. II. Título.

CDD 158.1

Índice para catálogo sistemático:
1. Autoajuda: equilíbrio pessoal
2. Diário

**EDITORA LEADER**
Rua Nuto Santana, 65, 2º andar, sala 3
02970-000, Jardim São José, São Paulo - SP
(11) 3991-6136 / contato@editoraleader.com.br

"Conselho de passarinho:
voar é a única opção para
quem perdeu o chão."
Zack Magiezi

# Agradecimentos

Agradecemos ao nosso querido amigo Rodrigo Molitor pelas belíssimas contribuições para este livro.

Agradeço aos meus meninos. Alexandre, meu marido amoroso que me ensinou o verdadeiro significado do amor, e ao meu filho Gael, minha maior conquista, minha grande obra-prima.

Sabrina Mello

Agradeço às pessoas que passaram na minha vida até agora e que me deram a oportunidade de descobrir um novo propósito em cada nova relação.

E agradeço ao meu marido, Wagner, e à minha filha, Helena: corações que batem fora de mim. Meu início, meu meio e meu fim.

Tatiana Vial

# Índice

Introdução ..................................................8
Esta é sua vida ..........................................15
Equilíbrio & definição de metas ...............21
Relacionamentos .....................................32
Comunicação de alto impacto .................36
Roda da vida: "Uma vida de equilíbrio" ...48
Priorize suas paixões ..............................54
Sucesso ...................................................58
Talentos ...................................................62
Coragem ..................................................64
Valorize seu tempo ..................................66
Seja GRATO .............................................72
Diário de bordo ........................................76
Perdão! ....................................................88
Quem é você? .........................................92
Decida-se! .............................................106
Aceitação ...............................................120
Conclusão ..............................................126
Referências bibliográficas .....................128

Sabrina Mello   Tatiana Vial

# Introdução

## PROPÓSITO DE VIDA

Em mais de dez anos trabalhando com desenvolvimento humano, notamos, muitas vezes, que grandes mudanças na vida de uma pessoa vinham, de fato, a partir do momento em que ela descobria e vivia seu propósito.

Pode parecer, em princípio, algo bastante simples. Mas, o que é, afinal, viver com propósito?

É saber o motivo pelo qual acordar todos os dias? É enxergar um objetivo maior, que transcende ganho financeiro naquilo que fazemos? Ou é ter prazer nas atividades realizadas, sejam elas profissionais e, também, pessoais? Viver com propósito é, então, ter sucesso e reconhecimento?

Tudo isso e muito mais!

Observamos, ao longo de nossa experiência desenvolvendo pessoas, que ter propósito está diretamente relacionado com estar satisfeito com a própria vida, porque envolve encontrar sentido e significado naquilo que fazemos. Quando encontramos nosso propósito, encontramos também equilíbrio entre os aspectos mais importantes de nossa existência: família e amigos, trabalho e casa, diversão e obrigação, capacidade técnica e capacidade emocional. Tudo em harmonia.

Quando acordar todos os dias e fazer o que precisa ser feito passa a ser algo que nos motiva e nos traz bem-estar, podemos dizer que estamos fazendo com propósito. Significa que estou trazendo resultados não somente para mim ou para aqueles que me cercam, mas estou, também, entregando algo à sociedade, às outras pessoas, estou, de alguma forma, mudando o mundo.

E os ganhos com isso são imensos: mais criatividade, mais empatia e produtividade. Os ganhos de viver nosso propósito passam, também, por relações mais verdadeiras e saudáveis ao longo de nossa vida. Passam pela sensação de completude.

Qual é a força e a essência daquilo que você faz?

São reflexões como essa que nos ajudam a encontrar nosso motivo maior. Mas essa descoberta nem sempre é tarefa fácil.

E foi exatamente por perceber esse grande desafio que surgiu a ideia deste livro. Esta obra nasceu da união de três amigos e parceiros de trabalho que, por viverem seu propósito, descobriram também uma imensa vontade de ajudar pessoas a se encontrarem nesse caminho. Esse é o nosso PROPÓSITO.

Como está sua vida hoje? E como estão suas relações?

Para percorrer a jornada que nos leva ao nosso propósito é preciso autoavaliação e tomada de consciência a respeito de nossos padrões. Requer vontade, perseverança e trabalho. Requer atitude e disponibilidade para mudar, fazer diferente. Significa compreender que cada um de nós possui sua força, seu talento. É preciso coragem e disposição. Significa trilhar seu próprio caminho, sem medo de julgamentos próprios e dos outros. É saber nos comunicarmos para gerarmos relações harmoniosas, empáticas, de acolhimento e suporte. É ter voz.

E estamos aqui para te ajudar nessa incrível jornada!

Para os grandes estudiosos da área, mais do que ganho financeiro e *status*, encontrar propósito no que fazemos significa descobrir nossa real motivação. Significa se envolver com algo de forma que isso seja uma das coisas mais importantes da vida. Significa desempenhar uma atividade não apenas por necessidade, mas, principalmente, por liberdade e escolha. É encontrar um objetivo que esteja alinhado com seus valores, princípios, metas, desejos, e que, principalmente, esteja alinhado com suas emoções e, por que não, com sua alma.

A construção de conhecimentos que resultou neste livro vem de diversas áreas: Coaching, Neurociência, Psicologia, Linguística, Comunicação Não Violenta, Constelação Familiar e do Eneagrama.

E vem também da nossa experiência e amor pelo que fazemos. Vem de um trabalho realizado com corpo, alma e coração.

E vem do nosso maior propósito: VOCÊ!

Estamos prontos para essa incrível descoberta. Vamos juntos?

Qual seu propósito de vida?

_____
_____
_____
_____
_____

Por quê?

_____
_____
_____
_____
_____

Para quê?

_____
_____
_____
_____
_____

Foi fácil responder às perguntas acima? Se sim, parabéns você já iniciou a jornada do seu propósito e este livro te dará ferramentas necessárias para chegar lá.

Caso tenha sido desafiador, este livro te ajudará a encontrar o seu propósito de vida.

**Se hoje fosse seu último dia de vida, você faria o que está fazendo agora?**

# Esta é sua vida!

Você tem o poder e o direito de decidir como você quer viver. O convite é parar de deixar para "qualquer dia" seus sonhos e suas paixões. Não deixe para depois o que você pode começar AGORA!

Para isso, você tem em mãos mais que um livro, aqui você encontra um verdadeiro mapa que te levará a percorrer o caminho de autoconhecimento, descoberta e realização de seu propósito.

A proposta é dar a você ferramentas e atividades práticas que irão auxiliá-lo a tomar as ações certas para a mudança que você deseja. Para isto, nas páginas seguintes, você encontrará pensamentos, perguntas provocativas, exercícios, espaços para estimular sua criatividade e reflexão, para que se inspire a criar novas maneiras de pensar sobre a forma como você está conduzindo sua vida. Crie novas intenções e objetivos em direção a uma vida na qual você esteja conectado e presente. Pare de desejar e comece a FAZER.

### Vamos começar?

Só conseguimos transformar aquilo que conhecemos. Portanto, para iniciarmos a mudança que desejamos, a primeira ação importante a ser tomada é entender onde você se encontra hoje. Como está a sua vida? Existe equilíbrio entre os aspectos mais importantes para você? As perguntas a seguir irão te conduzir para essa reflexão.

# Alinhamento de vida

1) Quais as cinco coisas mais importantes da sua vida?

_____
_____
_____
_____
_____

2) Descreva as três metas mais importantes que deseja atingir até o final deste ano.

_____
_____
_____
_____

3) O que você sempre quis fazer e teve medo de tentar?

_____
_____
_____
_____

## PROPÓSITO DE VIDA

4) Se existisse uma pílula mágica que pudesse tomar e fazer qualquer coisa no mundo, o que você faria?

___

5) O que você faria se tivesse apenas seis meses de vida?

___

Como escolher qual caminho percorrer, sem saber o destino no qual se pretende chegar?

Agora que você já identificou como está sua vida hoje, é hora de descobrir para onde ir.

Neste momento, é muito importante que você defina, da maneira mais específica possível, aonde quer chegar.

Somente assim você poderá traçar as ações que terá de executar para atingir suas metas.

# Equilíbrio & definição de metas

Marque na escala de 1 a 10 o valor do seu grau de CONEXÃO com cada um desses aspectos da sua vida HOJE, ou seja, o quanto você está investindo tempo, atenção e recursos em cada uma dessas áreas.

**1........... NADA SATISFEITO**

**10......... TOTALMENTE SATISFEITO**

# PROPÓSITO DE VIDA

## Saúde/Físico

Quanto me sinto conectado nessa área?

1 2 3 4 5 6 7 8 9 10

Para você, quais são os itens mais importantes nessa área? (ex.: atividade física, alimentação saudável, dormir 8 horas por dia etc...).

_____
_____
_____
_____
_____

Caso não esteja satisfeito, o que posso fazer a partir de agora para me conectar mais com essa área? Escolha pelo menos duas ações.

_____
_____
_____
_____
_____

## **Profissional/Carreira**

Quanto me sinto conectado nessa área?

1 2 3 4 5 6 7 8 9 10

Para você, quais são os itens mais importantes nessa área? (ex.: carreira está alinhada ao seu propósito, faz o que ama e acredita, satisfação no trabalho).

_____

_____

_____

_____

_____

Caso não esteja satisfeito, o que pode fazer a partir de agora para se conectar mais com essa área? Escolha pelo menos duas ações.

_____

_____

_____

_____

_____

## Intelectual/Aprendizado

Quanto me sinto conectado nessa área?

1 2 3 4 5 6 7 8 9 10

Para você, quais são os itens mais importantes nessa área? (ex.: cursos de aprofundamento, MBAs, mestrado, pós-graduação, documentários, livros etc.).

_____
_____
_____
_____
_____
_____

Caso não esteja satisfeito, o que pode fazer a partir de agora para se conectar mais com essa área? Escolha pelo menos duas ações.

_____
_____
_____
_____
_____
_____

## **Emocional**

Quanto me sinto conectado nessa área?

1  2  3  4  5  6  7  8  9  10

Para você, quais são os itens mais importantes nessa área? (ex.: como lido com as minhas emoções, com o estresse? Busco algum tipo de ajuda emocional ou autoconhecimento etc.).

_____
_____
_____
_____
_____

Caso não esteja satisfeito, o que posso fazer a partir de agora para me conectar mais com essa área? Escolha pelo menos duas ações.

_____
_____
_____
_____
_____

## Espiritualidade

Quanto me sinto conectado nessa área?

1 2 3 4 5 6 7 8 9 10

Para você, quais são os itens mais importantes nessa área? (ex.: como me conecto com a minha espiritualidade? Yoga, religião, oração, propósito, altruísmo, meditação etc.).

_____
_____
_____
_____
_____

Caso não esteja satisfeito, o que posso fazer a partir de agora para me conectar mais com essa área? Escolha pelo menos duas ações.

_____
_____
_____
_____
_____

## **Relacionamento íntimo/amor**

Quanto me sinto conectado nessa área?

1 2 3 4 5 6 7 8 9 10

Para você, quais são os itens mais importantes nessa área? (ex.: encontrar um parceiro, casar, ter mais tempo de qualidade com a pessoa amada, compreender mais meu parceiro etc...)

_____
_____
_____
_____
_____
_____

Caso não esteja satisfeito, o que posso fazer a partir de agora para me conectar mais com essa área? Escolha pelo menos duas ações.

_____
_____
_____
_____
_____
_____

## Finanças

Quanto me sinto conectado nessa área?

1 2 3 4 5 6 7 8 9 10

Para você, quais são os itens mais importantes nessa área? (ex.: organização, definição de metas, compra de imóvel etc.).

_____
_____
_____
_____
_____
_____

Caso não esteja satisfeito, o que posso fazer a partir de agora para me conectar mais com essa área? Escolha pelo menos duas ações.

_____
_____
_____
_____
_____
_____

## Relacionamento familiar/amigos

Quanto me sinto conectado nessa área?
1 2 3 4 5 6 7 8 9 10

Para você, quais são os itens mais importantes nessa área? (Ex: amigos, pai, mãe, filhos, ter mais tempo de qualidade, reaproximação).

_____
_____
_____
_____
_____

Caso não esteja satisfeito, o que posso fazer a partir de agora para me conectar mais com essa área? Escolha pelo menos duas ações.

_____
_____
_____
_____
_____

## PROPÓSITO DE VIDA

Sabrina Mello   Tatiana Vial

# Relacionamentos

# PROPÓSITO DE VIDA

Quando falamos em viver com propósito falamos, necessariamente, dos nossos relacionamentos. Isso porque a qualidade de nossas relações, sejam familiares, de amizade ou profissionais, é um dos fatores fundamentais para vivermos com plenitude.

Além disso, ter uma rede de apoio é fundamental para atingir seus objetivos. Essa rede é formada por pessoas a quem você pode recorrer em qualquer momento, porque irão te apoiar e orientar sem nenhum tipo de julgamento.

Quem são seus parceiros na jornada da vida? Quem está ao seu lado, para lhe dar a mão e caminhar com você em direção ao seu sonho?

Faça aqui uma lista de cinco pessoas que podem ajudá-lo a alcançar seu objetivo.

_____

_____

_____

_____

_____

Agora sugerimos que pare por alguns minutos e reflita: existe alguém na sua vida hoje com quem você gostaria de ter um relacionamento mais saudável?

Se sim, escreva aqui cinco ações que você pode começar a fazer hoje para isso.

Caso você precise de ajuda, pode pedir para alguém da sua "rede de apoio" e consultar consultar o capítulo "Comunicação de alto impacto".

_____
_____
_____
_____
_____
_____
_____
_____
_____
_____
_____
_____
_____
_____
_____
_____

## PROPÓSITO DE VIDA

Se pararmos um pouco e observarmos com atenção, vamos perceber que somos cercados de pessoas inspiradoras. Seres humanos que vivem em harmonia com seus propósitos e valores e podem servir como fontes de motivação para vencermos desafios e nos superarmos a cada dia.

Quais pessoas da sua rede de relacionamentos podem ser inspirações para você alcançar o seu propósito? Escreva o nome de três delas aqui.

Sabrina Mello    Tatiana Vial

# Comunicação de alto impacto

Você já parou para pensar que é por meio da comunicação que nos relacionamos? E que é a qualidade da nossa comunicação que vai definir a qualidade dos nossos relacionamentos profissionais e pessoais?

E como está a sua comunicação hoje? Nascemos nos comunicando e passamos a vida utilizando a comunicação para estar no mundo, para fazermos amigos, conseguirmos um emprego ou conquistar uma pessoa. Porém, muitas vezes, não paramos para refletir sobre como utilizar esse "bem" tão poderoso da melhor forma possível.

A comunicação mostra o que está escrito em nossa camiseta. Mas o que isto significa exatamente?

É por meio da comunicação que mostramos ao mundo quem nós somos, nossos valores e nossas principais características: leal, competente, tímido, simpático...

Por isso, é de fundamental importância entendermos nossa comunicação, tomarmos consciência a respeito de nossos padrões ao interagirmos com o mundo. Dessa forma, podemos descobrir se o que está escrito em nossa camiseta está alinhado com nosso propósito e com a imagem que queremos deixar ao outro.

## PROPÓSITO DE VIDA

Você já parou para pensar em qual imagem deixa para as pessoas?

Imagine que você está vestindo uma camiseta estampada com uma palavra que defina a imagem que você transmite.

Entre as sugestões de palavras abaixo, circule as três que você acredita que melhor o definem:

- tímido
- sério
- competente
- simpático
- antipático
- disponível
- alegre
- mal humorado
- bravo
- reservado
- confiante
- autoritário
- meigo
- amigo
- devagar
- inteligente
- impaciente
- ingênuo
- fraco
- forte
- determinado
- equilibrado
- estressado
- gentil
- educado
- delicado
- vaidoso
- agressivo
- amoroso
- chato
- fresco
- legal
- animado
- exigente
- receptivo
- solícito
- espontâneo
- arrogante
- intenso
- medroso
- corajoso
- autoconfiante
- comunicativo

Agora, das três palavras, qual é aquela que melhor o define? Qual palavra está estampada na sua camiseta?

## PROPÓSITO DE VIDA

Agora que você escolheu a palavra que está escrita na sua camiseta, pare por alguns minutos e reflita: ela está alinhada com seus valores e seu propósito de vida? Se sim, muito bem! Caso não esteja, volte na lista e escolha a palavra que você gostaria que estivesse na sua camiseta.

Escreva quatro ações que você pode começar a fazer imediatamente para transformar a imagem que você passa para as pessoas.

1 _____

2 _____

3 _____

4 _____

## Sugestão de exercício:

Pergunte para 3 ou 4 pessoas que te conhecem bem o que elas escreveriam na sua camiseta?

> **Reflita**:
> O que elas pensam sobre mim está alinhado com o que eu penso?

Agora, convidamos você a fazer uma viagem para a sua comunicação. Topa?

Essa jornada também será um exercício de autoavaliação. Para que você possa responder à pergunta feita ali em cima: como está sua comunicação hoje?

Durante nosso trajeto, vamos descrever as principais competências relacionadas à comunicação de alto impacto. Após ler e refletir sobre cada uma delas, convidamos você a dar uma nota:

5. Excelente
4. Muito bom
3. Bom
2. Pode melhorar
1. Ruim
0. Desconheço

Sobre como você está em relação a cada competência hoje no seu dia a dia. No final, você poderá escolher uma competência para desenvolver, conforme suas notas.

Vamos lá? Reflita como estão os seguintes aspectos da sua comunicação em seu dia a dia hoje:

**1. Mensagem:** é o conteúdo verbal da comunicação. Pare alguns minutos e pense: quando está em uma conversa importante com alguém, ou conduzindo uma reunião ou fazendo uma apresentação, o conteúdo da sua mensagem está organizado em começo, meio e fim de forma a facilitar a compreensão de seu interlocutor ou audiência? Você define um objetivo antes? Você se prepara?

Nota:

**2. Empatia:** é a habilidade de se colocar no lugar do outro. Na nossa comunicação, ela pode ser utilizada de forma consciente. Para saber se você tem uma comunicação empática, pense se: você procura conectar-se ao seu interlocutor ou audiência utilizando uma linguagem adequada, se referindo à pessoa ou pessoas pelos seus nomes, usando exemplos e respeitando o tempo do outro?

Nota:

**3. Escuta empática:** antes de ser interessante, seja interessado. A escuta empática é uma das competências mais importantes para a comunicação de alto impacto. Por meio dela conseguimos gerar uma conexão com o outro que faz com que a comunicação siga um fluxo quase sem ruídos. Para saber se você foi um bom ouvinte, faça as seguintes reflexões: você se mantém com atenção ao momento presente, adiando os julgamentos de sua voz interna e de seus próprios pensamentos? Faz perguntas e ouve as respostas atentamente? Considera as suas necessidades e sentimentos, assim como as necessidades e sentimentos da outra ou das outras pessoas?

Nota:

**4. Assertividade:** é uma competência racional que significa declarar seu pensamento, vontade, posicionamento, opinião, sem agressividade, manipulação ou passividade. Para saber se você é assertivo, reflita: você sai de uma conversa importante ou apresentação com a sensação de ter dito tudo o que precisava e o que desejava? Sente que sua mensagem foi compreendida pela outra ou pelas outras pessoas sem ruídos e qualquer forma de conflito ou indisposições?

Nota:

**5. Linguagem corporal:** composta por gestos, postura corporal, expressão facial e conexão visual. É de extrema importância que esses aspectos não verbais "entreguem" a mesma mensagem que a falada, ou seja, para a comunicação eficaz é fundamental que haja congruência entre O QUE se fala com o COMO se fala. E então, como está sua congruência comunicativa?

Nota:

**6. Expressividade vocal:** falar rápido ou devagar, muito baixinho ou gritar, dar pausas silenciosas adequadas são recursos vocais que também fazem parte dos aspectos não verbais da nossa comunicação. A voz é um importante canal do nosso estado emocional para o outro. Por meio da voz podemos passar segurança, clareza, firmeza, ou podemos demonstrar falta de domínio emocional, insegurança, entre outras características emocionais. Será que você utiliza os recursos vocais a seu favor na hora de se comunicar? Se você fala muito rápido, quase não dá pausas ou tem algum vício de expressão, sua nota não é muito alta aqui.

Nota:

Agora que você avaliou sua comunicação, estamos chegando ao final da nossa viagem.

## PROPÓSITO DE VIDA

Por favor, olhe para cada uma das notas que você deu e responda:

Qual competência você escolhe começar a desenvolver a partir de hoje e por quê?

_____
_____
_____
_____
_____
_____
_____
_____

Agora coloque aqui algumas ações para você realizar que farão com que você desenvolva essa competência que escolheu.

_____
_____
_____
_____
_____
_____
_____
_____

Sabrina Mello  Tatiana Vial

# Roda da vida:
# "Uma vida de equilíbrio"

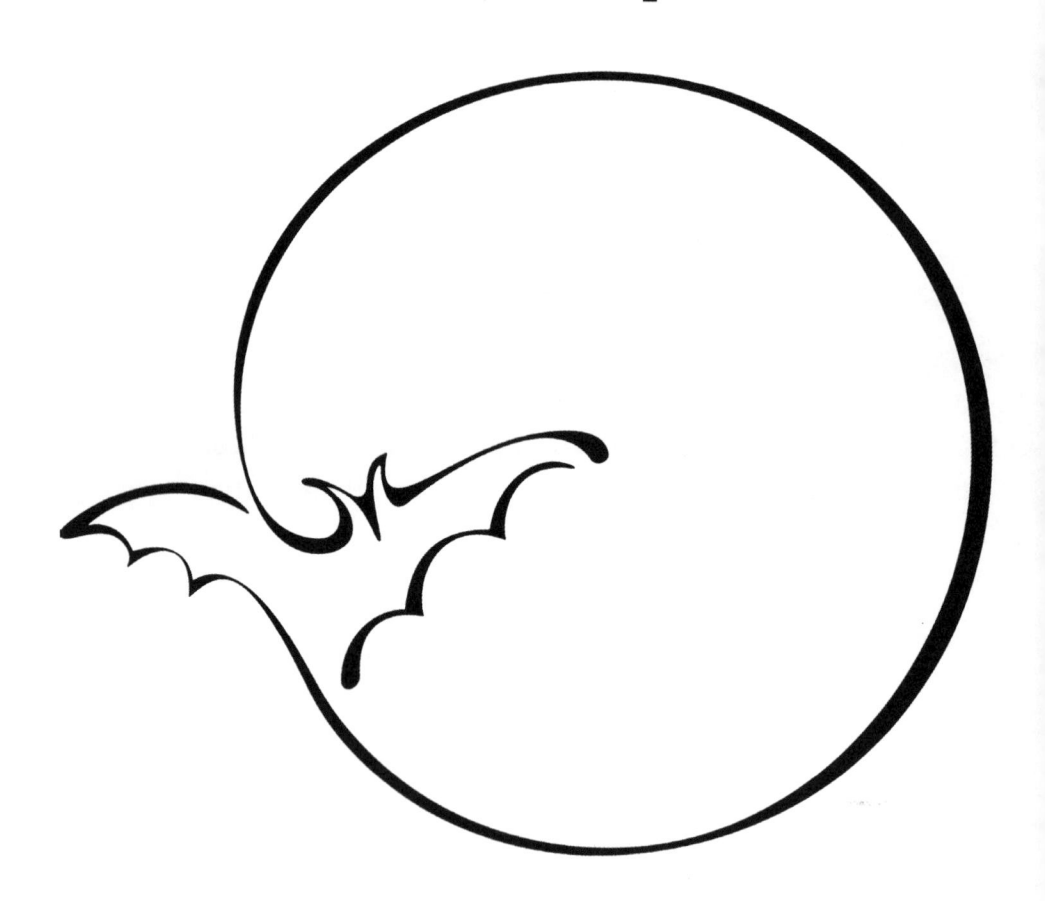

## PROPÓSITO DE VIDA

Segundo o autor Rhandy di Stéfano, nossa vida é composta de dez áreas fundamentais para a plenitude: lazer, finanças, profissional, intelectual, emocional, espiritual, física, relacionamento íntimo, relacionamento social e relacionamento familiar.

Encontrar nosso propósito passa, primeiramente, por olharmos e avaliarmos nosso grau de satisfação em cada uma dessas áreas, em nosso dia a dia hoje.

"E o que espiritualidade ou saúde física têm a ver com meu propósito?", você pode estar se perguntando.

Tudo!

Segundo di Stéfano, é preciso que haja equilíbrio em todas essas áreas para que essa rode gire de forma a nos levar para frente. Quando estamos insatisfeitos com um ou mais aspectos da roda, é possível encontrarmos dificuldades em seguirmos com o fluxo natural da vida e, com isso, viver nosso propósito se torna um imenso desafio. Travamos.

Portanto, o primeiro passo que precisamos dar é o da tomada de consciência e, por meio de uma autoavaliação, olharmos para cada uma dessas áreas e fazermos a seguinte reflexão: "Qual é o meu grau de satisfação nessa área da minha vida hoje?"

Pode ser que você descubra a necessidade de investir tempo e atenção, ou até mesmo recursos financeiros, na busca por essa satisfação e, consequentemente, por mais equilíbrio.

Com atenção, olhe para cada área da sua vida, e com uma caneta colorida pinte que nota (0 a 10) você se dá para cada item. Você deve se perguntar:

Qual o meu nível de satisfação hoje em relação a_____?

Quanto maior a nota, mais satisfeito você está e quanto menor, menos satisfeito.

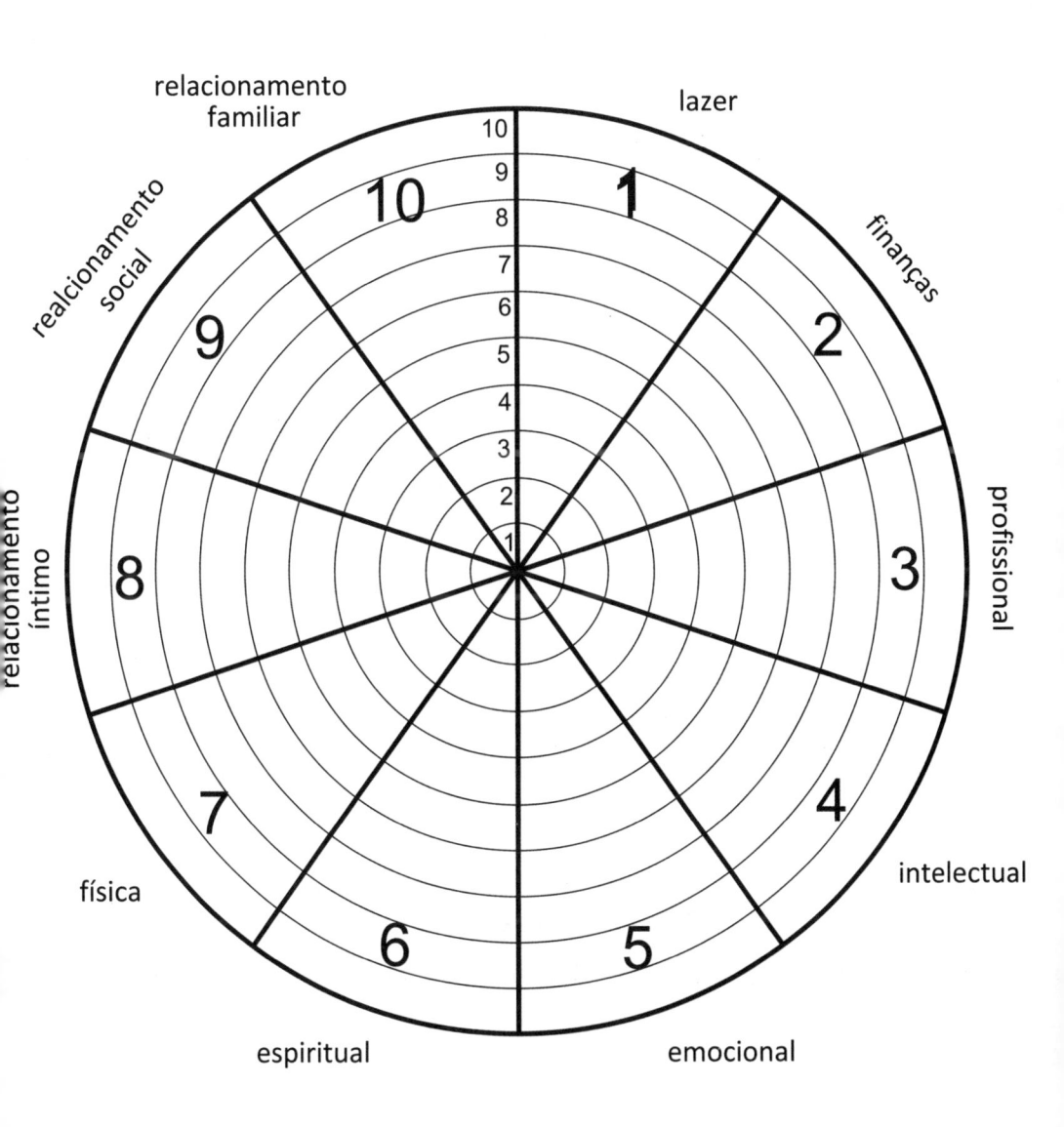

# PROPÓSITO DE VIDA

- 1 lazer
- 2 finanças
- 3 profissional
- 4 intelectual
- 5 emocional
- 6 espiritual
- 7 física
- 8 relacionamento íntimo
- 9 relacionamento social
- 10 relacionamento familiar

## Definição de objetivos

O que faz você atingir seus objetivos? Muitas pesquisas foram realizadas para responder a essa pergunta e mostraram que para que um objetivo seja atingido ele precisa ter as seguintes características:

• Ser **ESPECÍFICO**, ou seja, claro e detalhado. E para isso você pode responder às seguintes perguntas: "O que eu quero alcançar?" "Por que eu quero alcançar esse objetivo?" "Onde esse objetivo será atingido?" "Quais outras pessoas estão envolvidas nisso?" "Eu pretendo atingi-lo quando?"

• Ser **MENSURÁVEL**. Pensar em algo que te faça ter a certeza de que seu objetivo foi atingido, ou seja, um fato ou aspecto que seja uma evidência para você.

• Ser **REALISTA**. Tenha certeza de que esse objetivo é possível de ser atingido, mas que ao mesmo tempo seja desafiador o suficiente para motivá-lo a prosseguir em sua busca. E, se você tiver um objetivo realmente grande, pode separá-lo em pequenos objetivos que serão os degraus para que você chegue na grande realização.

• Ser **RELEVANTE**, porque assim ele terá significado para você. É importante que seu objetivo traga para você o senso de propósito e seja sustentado por seus valores.

• Ser **TEMPESTIVO**, ou seja, ter data exata para acontecer. Dessa forma, você conseguirá traçar um plano de ação também com data para começar.

## PROPÓSITO DE VIDA

Agora vamos lá!

Pense no seu objetivo utilizando todos os critérios descritos acima. Após essa reflexão, escreva seu objetivo com todos esses critérios em uma frase.

_____

_____

_____

_____

**PRONTO!**

Agora você pode começar a busca para alcançá-lo!

Sabrina Mello   Tatiana Vial

# Priorize
# suas paixões

## PROPÓSITO DE VIDA

> *"Que a beleza do que você ama seja o que você faz."*
> *Rumi*

Segundo algumas linhas de estudo a respeito do comportamento humano, paixão e propósito possuem uma relação direta com o sucesso. Isso porque é a paixão que gera a conexão emocional fundamental para nos dedicarmos a conquistar algo. Quando encontramos paixão em alguma atividade, encontramos também motivação, persistência e paciência para percorrer o caminho que leva à realização. Dessa forma, encontrar seu propósito envolve, necessariamente, descobrir o que de fato o motiva, o que faz com que você se dedique a algo a ponto de não ver o tempo passar, não importando em que dia da semana ou em que hora do dia está. É algo que você faria mesmo se dinheiro não fosse algo com que se preocupar. É o que se faz por prazer e o que nos motiva a sermos melhores a cada dia, a cada etapa vencida.

Portanto, nossa sugestão é que você agora reflita sobre isto: quais são as suas paixões? Elas não precisam ser grandiosas. Não precisam impactar o mundo, só você. Toda paixão é muito importante e deve ser considerada.

Use este espaço para colocar todas as suas paixões. Não existem respostas erradas.

Uma dica para você pensar nas suas paixões é você se perguntar: "Se dinheiro não fosse o problema e eu tivesse todo o tempo do mundo, o que eu estaria fazendo?" e "o que é que eu faço com todo meu coração e tenho prazer em ser cada vez melhor"?

Suas paixões (expresse-se livremente):

## PROPÓSITO DE VIDA

Após refletir sobre suas paixões, quais conclusões apareceram? Como se sentiu? Alguma coisa fez você ficar feliz? Com medo ou triste?

Agora, mesmo que tenha aparecido alguma emoção de medo ou chateação, faça uma lista por prioridades (as paixões mais fortes que apareceram).

Depois celebre e reconheça que você tem o direito de viver essas paixões, portanto, priorize-as!

Eu sou apaixonado/a por:

1 _____

2 _____

3 _____

4 _____

5 _____

6 _____

7 _____

8 _____

9 _____

10 _____

# Sucesso

Antes de começar a pensar nos objetivos que você quer atingir, é importante você pensar no que o sucesso significa para você. Pare por alguns instantes e tente visualizar você como uma pessoa de sucesso. Como você estaria e como estaria se sentindo?

Agora, pare também por alguns minutos e reflita: o que o sucesso NÃO significa para você?

Após esse exercício você compreenderá com clareza em quais aspectos focar e em quais não focar. Isso também despertará alguns insights a respeito de seus valores e o que realmente importa para você.

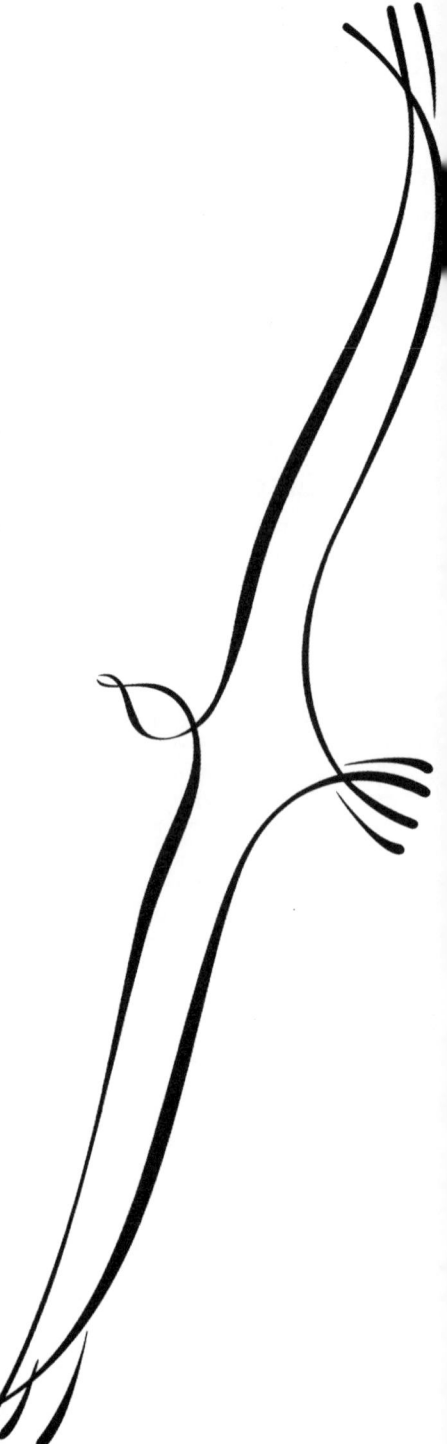

## Painel de realizações

No espaço abaixo descreva as maiores realizações da sua vida.

*Como você se sentiu?*

# Justificativas X Realizações

A nossa mente pode ser nossa melhor amiga ou nossa maior sabotadora. Muitas vezes, os maiores obstáculos que dificultam a chegada aos nossos objetivos são colocados por nós mesmos.

Pare por alguns instantes. Quais são as justificativas que você tem dito para você mesmo que te impedem de alcançar seus objetivos?

Escreva-as na lista abaixo.

E quais soluções você encontra para lidar com elas?

Você também pode escrevê-las na lista.

| Justificativas | Soluções |
|---|---|
| | |

## PROPÓSITO DE VIDA

Sabrina Mello   Tatiana Vial

# Talentos

## PROPÓSITO DE VIDA

Que você possui alguns talentos, não temos dúvidas.

Mas será que você tem consciência de quais são?

Coisas em que eu sou realmente bom:

1 _____
2 _____
3 _____
4 _____
5 _____
6 _____
7 _____
8 _____
9 _____
10 _____

Sabrina Mello   Tatiana Vial

# Coragem

## Do que você tem medo?

Coragem não significa ausência de medo, mas, sim, continuar se movendo apesar dele.

E para que seus medos não te paralisem, é importante tomar consciência a respeito deles.

Podem ser pequenos ou grandes medos. Eles o seguram ou movem?

***Quais os seus maiores medos? Como eles se relacionam com a busca pelos seus objetivos?***

_____

_____

_____

_____

_____

_____

_____

_____

_____

_____

_____

_____

_____

_____

Sabrina Mello    Tatiana Vial

# Valorize seu tempo

"Estar ocupado não é o suficiente. A questão é: com o que você está se ocupando?"
Henry David Thoreau

## PROPÓSITO DE VIDA

Quando você reconhece o que realmente vale a pena em sua vida, passa a reconhecer aquilo que o distrai e aquilo que o aproxima de alcançar seus objetivos.

Quando caímos na armadilha de tentar fazer tudo, terminamos o dia com excesso de trabalho e exaustos. E será que conseguimos realizar todas essas tarefas com a plena atenção?

Quando negamos de maneira consciente alguma atividade ou tarefa não estamos perdendo algo, mas dizendo SIM para as coisas realmente importantes.

Uma forma de tomar consciência de quais são as coisas realmente importantes para você e, assim, valorizar seu tempo.

Pare por alguns minutos e pense: das suas atividades hoje, quais são as prioridades em sua vida?

Viver no momento presente – viver em MINDFULNESS.

*"Não expulse os pensamentos, dê espaço para eles, observe-os e os deixe ir." Jon Kabat-Zinn*

*Mindfulness* ou estado de atenção plena da mente é uma prática que nos ajuda a entrar em contato com nossas emoções e pensamentos e, assim, nos torna aptos a tomar decisões com mais clareza.

Essa prática também nos ensina a ser mais confiantes, amigáveis e conectados ao nosso propósito.

Viver no aqui e agora, estar presente em cada experiência, esse é o caminho para uma vida consciente.

Pare o que está fazendo agora. Feche os olhos e traga a atenção para a sua respiração por alguns segundos. Em seguida, traga a atenção para partes do seu corpo.

Sente-se em uma posição confortável, mas não relaxada. Feche os olhos e traga a atenção para a sua respiração. Fique assim por um tempo que seja confortável para você e ao mesmo tempo desafiador. Perceba os pensamentos e deixem que eles passem como ondas no mar.

Permaneça nessa postura por no mínimo três minutos, mantendo sempre a sua atenção no seu corpo e na sua respiração. Perceba o fluxo do ar entrando e saindo do seu sistema respiratório, de maneira natural, sem forçar nada, apenas mantenha sua atenção nesse movimento.

Se perceber se perdendo nos pensamentos, apenas pergunte a si mesmo "onde eu estou agora?" e com gentileza volte para o momento presente.

Estabeleça o compromisso pessoal de manter a prática de Mindfullness (exercício proposto acima) pelos próximos 21 dias consecutivos.

Caso perca algum dia, volte a contar os 21 dias.

Tenha claro que o exercício aplicado nos próximos 21 dias lhe dará recursos para manter-se mais presente na questão acima e, consequentemente, auxiliar a obter o resultado que deseja para essa questão.

Temos também outras sugestões de práticas para você:

### Prática 1 – Ao se sentar

Sente-se em uma posição confortável, mas não relaxada. Feche os olhos e traga a atenção para a sua respiração. Fique assim por um tempo que seja confortável para você e ao mesmo tempo desafiador. Perceba os pensamentos e deixe que eles passem como ondas no mar.

### Prática 2 – Antes que qualquer coisa respire

A primeira coisa a fazer, ao se sentar com seu prato de comida, é parar de pensar e ficar atento a sua respiração. Respire tentando se nutrir. Você poderá se nutrir, e também nutrir os demais, com sua prática de respiração. Nutrimo-nos uns aos outros.

### Prática 3 – Sorrir

Ao se sentar, pense em sorrir suavemente. Deve ser um sorriso natural, não uma careta ou um sorriso forçado. Seu sorriso relaxa todos os músculos faciais. Quando você sorri para todo seu corpo, é como se estivesse se banhando em córrego de águas frescas e límpidas.

### Prática 4 – Pare de ser multitarefa

Você será mais produtivo se focar em apenas uma tarefa. Suas ações serão mais eficientes e você se sentirá mais confiante. Foque em apenas uma tarefa.

**Prática 5 – <u>Percebendo o ambiente</u>**

Comece a perceber os sons, o cheiro e o movimento do ambiente. Quais são as sensações que este ambiente lhe traz?

**Prática 6 – <u>Esteja presente nas suas relações</u>**

Ponha seu telefone de lado, pare de checar e-mails. Não se preocupe com o que vai acontecer no futuro. Esteja com pessoas que lhe trazem alegria e dê a elas a atenção que elas merecem. Escute atentamente e participe das conversas.

**Prática 7 – <u>Movimente-se com atenção</u>**

Encontre maneiras de estar em movimento com atenção. Você pode se alongar ou fazer uma caminhada trazendo o foco para cada parte do seu corpo e para cada passo que você dá. Faça movimentos saudáveis com a prática de atenção.

Sabrina Mello   Tatiana Vial

# Seja GRATO

## PROPÓSITO DE VIDA

Muitas vezes passamos pelas realizações em nossas vidas sem sermos gratos a elas. Cultivar o sentimento de gratidão nos ajuda a viver com propósito e viver com intenção e positividade.

Escreva dez coisas pelas quais você é grato no presente momento. Não pense muito, apenas escreva da forma mais espontânea que puder.

1 _____
2 _____
3 _____
4 _____
5 _____
6 _____
7 _____
8 _____
9 _____
10 _____

## Exercício diário de gratidão

Ao final do seu dia, antes de ir deitar-se, sente-se em um lugar tranquilo. Permaneça um tempo de olhos fechados e concentre-se alguns segundos na sua respiração.

Quando sentir que sua mente se aquietou um pouco, comece a se lembrar do seu dia, do momento em que saiu da cama até o momento em que você se encontra.

Após isso, mentalize ou diga em voz alta:

"Eu sou grato por..."

(escolha três coisas do seu dia pelas quais você é grato)

Fique por mais alguns segundos de olhos fechados, quando estiver pronto, mentalize ou diga em voz alta:

"Eu sou grato a... porque..."

(escolha três pessoas e o motivo pelo qual você a agradece por algo que aconteceu no seu dia)

**PROPÓSITO DE VIDA**

Volte a atenção alguns segundos
para a sua respiração, feche os olhos e

# bons sonhos!

Sabrina Mello   Tatiana Vial

# Diário de bordo

Ao longo da nossa vida vamos adquirindo padrões de comportamentos, pensamentos e emoções que repetimos de forma inconsciente. Em algumas situações, esses padrões nos levam a resultados satisfatórios, seja na esfera profissional, pessoal e em nossos relacionamentos. Mas, talvez, ao sair de uma situação insatisfatória, como uma briga ou um projeto de trabalho que não deu certo, você já tenha se perguntado: "Por que eu sempre tenho essa atitude ou esse pensamento? Ou ainda: "Por que me sinto sempre assim?" ou, também: "Por que é tão difícil agir/pensar/sentir diferente?"

Se você já se fez alguma dessas perguntas, você estava diante de um padrão.

Nosso objetivo neste capítulo é propor uma atividade que irá te ajudar a descobrir ainda mais sobre os seus padrões.

Você já se perguntou o que é uma emoção? Emoção significa por em movimento. Ou seja, nosso estado emocional é o que literalmente nos move. Todo comportamento tem como base uma ou mais emoções. Nosso padrão emocional é o combustível para a nossa forma de agir. Por isso, é de extrema importância descobrirmos qual o nosso padrão emocional.

Qual das emoções básicas – medo, alegria, tristeza e raiva - está mais presente em mim? Essa descoberta pode ser reveladora. Vamos tentar?

Durante seis noites, antes de ir se deitar, você irá se sentar em um local tranquilo e trazer por alguns minutos a atenção para sua respiração.

Na medida em que sentir a mente tranquila e presente, você irá se lembrar do seu dia, desde a hora em que se levantou da cama até esse momento. Após esse exercício de recordar seu dia, você irá responder as perguntas a seguir.

Nosso convite é que você faça isso por seis dias.

## 1º dia

1. O que me deixou com raiva hoje?

_____
_____
_____
_____

2. O que me deixou com medo hoje?

_____
_____
_____
_____

3. O que me deixou alegre hoje?

_____
_____
_____
_____

4. O que me deixou triste hoje?

_____
_____
_____
_____

## 2º dia

1. O que me deixou com raiva hoje?

2. O que me deixou com medo hoje?

3. O que me deixou alegre hoje?

4. O que me deixou triste hoje?

# 3º dia

1. O que me deixou com raiva hoje?

_____
_____
_____
_____

2. O que me deixou com medo hoje?

_____
_____
_____
_____

3. O que me deixou alegre hoje?

_____
_____
_____

4. O que me deixou triste hoje?

_____
_____
_____
_____

## 4º dia

1. O que me deixou com raiva hoje?

_____
_____
_____
_____

2. O que me deixou com medo hoje?

_____
_____
_____
_____

3. O que me deixou alegre hoje?

_____
_____
_____
_____

4. O que me deixou triste hoje?

_____
_____
_____
_____

# 5º dia

1. O que me deixou com raiva hoje?
___
___
___
___

2. O que me deixou com medo hoje?
___
___
___
___

3. O que me deixou alegre hoje?
___
___
___
___

4. O que me deixou triste hoje?
___
___
___
___

## 6º dia

1. O que me deixou com raiva hoje?

___

___

___

___

2. O que me deixou com medo hoje?

___

___

___

___

3. O que me deixou alegre hoje?

___

___

___

___

4. O que me deixou triste hoje?

___

___

___

___

No sétimo dia, você irá fazer o mesmo ritual e, após trazer sua mente para o momento presente, irá olhar para as perguntas que deu e responder:

1. O que geralmente me deixa com raiva?

_____
_____
_____
_____

2. O que geralmente me deixa com medo?

_____
_____
_____
_____

3. O que geralmente me deixa alegre?

_____
_____
_____
_____

4. O que geralmente me deixa triste?

_____
_____
_____
_____

Com essas respostas você tomará consciência a respeito dos seus padrões emocionais e poderá partir com mais consciência para o próximo diário.

Agora, temos um outro exercício diário para você. Ele pode ser feito todos os dias, sempre que fizer sentido ou quando você quiser refletir sobre seu dia a dia.

Vamos lá.

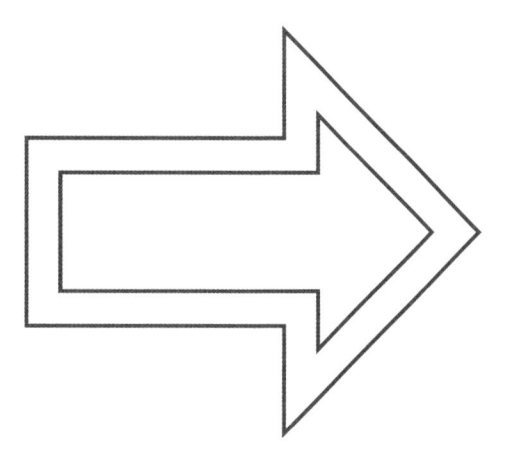

Ao final do seu dia, você pode parar por um momento e refletir:

**- Quais foram as melhores coisas que aconteceram hoje?**

_____
_____
_____
_____
_____
_____
_____

**- Se eu pudesse voltar no dia de hoje, o que faria diferente?**

_____
_____
_____
_____
_____
_____
_____

## PROPÓSITO DE VIDA

- Quais minhas intenções para amanhã?
___
___
___
___
___
___
___
___

Sabrina Mello    Tatiana Vial

# Perdão!

"Desperdício
A vida é curta demais para longas brigas,
Longas angústias,
Longas dores,
Longos pudores,
Curta demais,
Para não desculpar,
Não viver,
Não amar,
A gente sempre espera pelo amanhã.
Haverá?"

Ester Barroso

Perdoar parece algo que fazemos para alguém, mas, na verdade, perdoar é algo que fazemos para nós mesmos. Quando guardamos mágoa, tristeza, raiva e ressentimento ficamos presos ao passado e aos sentimentos que aquele evento gerou. Perdoar é nos libertar, porque libertamos também o outro.

O perdão é um processo e não um fim em si mesmo. Estamos sempre precisando perdoar algo, alguém, ou até mesmo uma instituição. Portanto, perdoar pode ser um exercício diário. O dia de perdoar é sempre HOJE!

Podemos fazer esse exercício todos os dias, como uma meditação. Você pode finalizar o seu dia se recolhendo em um lugar tranquilo, sentando-se confortavelmente e mentalizando ou dizendo em voz alta:

"Me perdoo hoje por ter..."

A primeira pessoa a quem podemos perdoar é a nós mesmos. Para isso você pode completar essa frase com algo que você se arrepende de ter feito em seu dia, como uma palavra mal colocada, ou algo que tenha feito a alguém, ou uma atitude que não gostaria de repetir.

## O perdão dado a outra pessoa

Pense em uma pessoa com a qual você tem uma dificuldade por se sentir magoado e ou ressentido por algo que vivenciaram e o fez sentir prejudicado por isso.

Imagine essa pessoa a sua frente e permita que apenas a imagem dela venha até você. Se o sentimento que alimenta por ela vier à tona, respire fundo e continue apenas a visualizá-la.

Com muita gentileza diga a ela: "Eu sinto muito". Repita lentamente por no mínimo três vezes.

Mesmo que não pareça ter sentido, afinal de contas você julga que ela lhe fez algo, o convite é você apenas informar o seu coração, a sua mente e o seu corpo (por isso é importante dizer) que você sente muito pelo que aconteceu.

E, ainda com a imagem dela na sua mente, você diz: "Eu sou igual a você". Repita com gentileza e lentamente por no mínimo três vezes.

Quando perdoamos alguém estamos nos colocando em uma posição de superioridade, na qual nos sentimos no direito de absolver o outro, isso é o que acontece de maneira oculta e inconsciente.

Todas as pessoas, sem exceção, querem fazer algo bom e acreditam que fazem o seu melhor, mesmo parecendo que não.

O processo de libertação de nós mesmos em relação àquilo que sentimos que o outro fez para nós é reconhecer o fato sem buscar vítimas e culpados e isso somente é possível quando nos livramos do uso da palavra e da postura de quem perdoa o outro.

Sabrina Mello   Tatiana Vial

# Quem é você?

## PROPÓSITO DE VIDA

Muito se fala de personalidade e que ela define quem somos. Ledo engano, todos possuímos uma personalidade e o papel dela é exatamente nos fazer achar que somos o que ela nos mostra.

Para ficar menos confuso, o primeiro passo é entender o que afinal de contas é personalidade. Todos os seres humanos possuem uma personalidade, exceto os iluminados espiritualmente e os loucos. A personalidade é uma máscara que decidimos utilizar para nos defender das agressões que percebemos do mundo exterior. É também um conjunto de informações que recebemos acerca do que podemos ser e fazer. São os conhecimentos adquiridos por meio de ensinamentos e reflexões e também dos sentimentos criados por imitações.

É na fase da infância que estamos totalmente sem a máscara da personalidade e é nesse momento que conseguimos ter a essência manifestada em nós. Entretanto, o mundo se mostra para nós como invasivo, perigoso, agressivo e escolhemos defender essa essência e assim criamos estratégias para mantê-la intacta. Esse movimento inconsciente nos faz criar um repertório de autoimagens, pensamentos, comportamentos e sentimentos que nos transmite segurança para sobreviver neste mundo.

Essa estratégia se mostra tão eficaz que passamos a adotá-la cada vez mais e mais até que nos percebemos identificados com ela e distantes de nossa essência.

Viver identificado com a nossa personalidade, que ainda é o modo mais comum como todos vivem, é viver na limitação de quem somos. Pense em um projetor de cinema, assim é a nossa forma de viver a vida, usamos o projetor que filtra e projeta uma realidade a qual não é exatamente real, é apenas um filme. Cada um possui o seu filminho particular, onde personagens importantes da infância são mantidos nas nossas histórias como adultos, mudando apenas os atores. Ou seja, fatalmente estaremos projetando mãe, pai, irmão em pessoas do nosso convívio atual, distorcendo de maneira contínua e inconsciente a realidade.

Não pense que a personalidade é má, ela nos trouxe até aqui e a função dela é proteger algo muito valioso que somos que é a nossa essência, a personalidade é a matéria prima para nosso desenvolvimento pessoal, profissional e espiritual.

E como nos aproximar da essência e ir para um estado desperto e mais consciente? O Eneagrama, uma sabedoria milenar descoberta pelo homem há mais de dois mil anos, oferece a oportunidade de experimentarmos que nós não somos a nossa personalidade, ao vivenciar isso vamos a um estágio profundo de autoconhecimento e transformação.

E, para embarcarmos nesta jornada de descobertas, precisamos, primeiramente, nos encontrar.

Para isso, temos uma sugestão: leia as afirmações a seguir e pense qual delas diz mais a seu respeito. Dê, para cada uma, uma nota de 1 a 10, onde 1 não representa absolutamente nada e 10 representa absolutamente muito. São nove blocos, some os pontos ao final de cada um.

# PROPÓSITO DE VIDA

### Bloco: O Perfeccionista

A. Sou uma pessoa que valoriza o fato de ser correta, organizada e sensata.

B. É muito importante manter um alto padrão de qualidade em tudo o que faço.

C. Estou sempre em busca de conhecer e aplicar regras, procedimentos e padrões.

Total bloco =

### Bloco: O Ajudante

A. Gosto de manter uma imagem de "boa pessoa" que está sempre disponível para ajudar.

B. Estou sempre em busca de captar o que os outros precisam e me antecipar a isso.

C. Percebo-me como uma pessoa afetuosa, atenciosa e sempre disponível.

Total bloco =

### Bloco: O Performático

A. Sou focado em tudo o que me proponho a fazer, custe o que custar, buscando sempre o primeiro lugar.

B. Não vejo problemas em me perceber "brilhante" no que faço e comunicar isso às pessoas.

C. Tenho a incrível habilidade de fazer várias coisas em um mesmo dia e não me cansar.

Total bloco =

### Bloco: O Romântico

A. Sinto que estou mais ligado aos meus sonhos e sentimentos do que à realidade em si.

B. É muito comum a variação de humor ao longo do dia, às vezes sinto que posso me sentir alegre e em segundos triste e ou raivoso em poucos segundos.

C. Percebo-me sempre na busca por coisas, pessoas e acontecimentos únicos, dificilmente sinto 100% de satisfação no que encontro.

Total bloco =

### Bloco: O Observador

A. Distanciar-me dos sentimentos é algo fácil de fazer, às vezes as pessoas me rotulam como "frio(a)".

B. Prefiro saber de todas as coisas com antecedência para um bom planejamento, não gosto de surpresas.

C. A privacidade é importante para todos, mas para mim é necessária, nem que sejam ao menos alguns minutos, preciso estar sozinho.

Total bloco =

### Bloco: O Precavido

A. Penso que o mundo é um lugar perigoso e que precisamos estar prevenidos o tempo todo.

B. Tenho facilidade de pensar em coisas que podem dar errado e como fazer para preveni-las.

C. As autoridades me despertam certa desconfiança, antes de acreditar nelas preciso submetê-las ao meu crivo de aceitação.

Total bloco =

**Bloco: O Entusiasta**

A. A vida tem muitas opções e ficar com apenas uma me parece perda de oportunidade irreversível.

B. Tenho dificuldades de concluir as coisas, embora, quando penso que não fiz, logo penso no motivo que me fez parar e vejo que tinha razão.

C. Todos gostam de momentos felizes, divertidos, mas tenho a impressão que isso pra mim é uma constante, tenho dificuldade em encontrar um dia triste na minha vida.

Total bloco =

**Bloco: O Chefe**

A. Sou extremamente assertivo(a) e frequentemente recebo o *feedback* de pessoas que se sentiram magoadas pela forma que eu disse algo.

B. Quando tenho um objetivo trago toda a minha energia para a execução e às vezes me vejo sem dormir e até sem comer para que possa executá-lo.

C. Tenho facilidade de perceber a raiva em mim.

Total bloco =

**Bloco: O Mediador**

A. Dizer não para as pessoas é muito complicado, isso pode gerar conflitos dos quais eu não gosto.

B. Tenho dificuldade em fazer algo que beneficie a mim mesmo, busco sempre contemplar mais pessoas em minhas atividades.

C. Quando não concordo com algo ou com a opinião de alguém, me contenho em dizer a minha opinião.

Total bloco =

**Resultados:** verifique em qual bloco sua pontuação foi maior. Leia o descritivo abaixo, responda à questão e se comprometa a fazer o exercício proposto. Caso tenha dado empate, faça o mesmo para ambos.

**O Perfeccionista:** tenho senso muito claro do que é certo e errado. Isso me deixa bastante impaciente com os erros dos outros, das coisas e inclusive de mim mesmo. Percebo o mundo como um lugar imperfeito e me coloco como que em uma função pessoal de consertá-lo.

**Pergunta** – Você percebe uma voz, que em mais de 90% do tempo falasse com você, criticando tudo o que você faz? Escreva sobre ela.

> **Desafio:**
> Identifique algo de sua rotina que você julgue como necessário ser feito todos os dias, mas que se não o fizer não haverá impacto significativo. Por exemplo: ir para a cama dormir somente após lavar a louça. Uma vez identificado, deixe de fazer essa tarefa por no mínimo dois dias, perceba como você se sente e mensure o nível da dificuldade do desafio.

Nível do desafio na sua percepção: 1 2 3 4 5 6 7 8 9 10

**O Ajudante:** a sensação que tenho é de que as pessoas precisam da minha ajuda. Assim, me percebo como uma pessoa carinhosa, afetuosa, amigável, disponível e sincera. Aproximo-me sempre das pessoas e percebo o quanto elas precisam de mim e, se acham que não precisam, dou um jeito de elas notarem que sim.

**Pergunta** – Você se percebe com uma enorme facilidade em saber o que os outros precisam e em contrapartida tem muita dificuldade para identificar e assumir suas próprias necessidades? Escreva sobre isso.

| |
|---|
| |
| |
| |

> **Desafio:**
> Escolha uma pessoa pela qual você tem muito carinho, consideração e confiança e diga a ela algo que o deixa chateado (a). Apenas diga o que você sente e peça ajuda a essa pessoa para você se sentir melhor.

Nível do desafio na sua percepção: 1 2 3 4 5 6 7 8 9 10

**O Performático:** estou sempre focado no que quero e tenho compromisso pessoal em fazer as coisas acontecerem de maneira extraordinária, o sucesso e o *status* são importantes para mim, mesmo que às vezes eu não perceba. Não vejo problemas em competir, o problema maior é não ganhar.

**Pergunta** – É comum você fazer as coisas para impressionar os outros e assim alcançar o respeito e valorização diante deles? Escreva sobre isso.

|   |
|---|
|   |
|   |
|   |
|   |

> **Desafio:**
> Elabore uma lista com atividades nas quais você não obteve sucesso, mesmo as em que você mesmo tendo falhado tenha optado por chamá-las de "aprendizado".

Nível do desafio na sua percepção: 1 2 3 4 5 6 7 8 9 10

## PROPÓSITO DE VIDA

**O Romântico**: sinto que algo está faltando e que outros têm esse algo. Muitos me acham sensível, calmo, reservado, embora esteja sempre atento a mim mesmo, penso que eles não me compreendem como deveriam. Tenho forte atração para viver e criar momentos únicos e especiais, a vida para mim precisa de um propósito.

**Pergunta** – Quando você vive algo de alto impacto emocional você mantém esse sentimento por um bom tempo através de pensamentos e se percebe sentindo a mesma emoção várias vezes? Escreva mais sobre isso.

|   |
|---|
|   |
|   |
|   |
|   |

> **Desafio**:
> Crie uma lista de coisas nas quais você se considera 100% satisfeito. Nessa lista inclua relacionamentos, trabalho, imagem pessoal, tudo. Sempre que pensar em algo e automaticamente vier à sua mente a palavra "mas", já exclua da lista, pois ela não está 100%.

Nível do desafio na sua percepção: 1 2 3 4 5 6 7 8 9 10

**O Observador:** O mundo é muito invasivo, isso me faz buscar a privacidade e para mim o melhor lugar para isso é a minha mente. Vejo-me muitas vezes cultivando pensamentos, e quanto mais complexos, melhor. Gosto de autonomia e a busco em todos os aspectos, e penso que todos deveriam fazer o mesmo.

**Pergunta** – Em uma situação de alto estresse você se percebe como que desconectado da emoção e apto para tomar decisões sem demonstrar reações emotivas? Escreva sobre isso.

> **Desafio:**
> Busque algo sobre o qual você não seja totalmente familiarizado e que esteja começando ou nunca tenha aprendido a respeito. Procure alguém que tenha esse conhecimento e peça para que essa pessoa te ensine ou então que faça para você.

Nível do desafio na sua percepção: 1 2 3 4 5 6 7 8 9 10

**O Precavido:** em um mundo com tantos perigos, a melhor alternativa é sempre se manter alerta e ter um plano de ação para algo que possa dar errado. A ansiedade é presente na minha vida, isso me faz ser mais cauteloso e conservador, embora algumas vezes me veja totalmente rebelde e reativo.

**Pergunta** – Você pensa constantemente em mais de um cenário e de como as coisas podem não acontecer conforme planejado? Escreva sobre isso.

## PROPÓSITO DE VIDA

|  |
|--|
|  |
|  |

> **Desafio:**
> Escreva no mínimo duas decisões importantes que você tomou em sua vida de uma maneira rápida sem pensar em prós e contras, sem ponderar o cenário, sem avaliar o impacto que isso poderia causar a você e/ou a sua rotina apenas agindo pelo "calor da emoção".

Nível do desafio na sua percepção: 1 2 3 4 5 6 7 8 9 10

**O Entusiasta:** estou sempre ocupado, experimentando as várias oportunidades que o mundo oferece, embora na maioria das vezes não conclua tudo o que planejo. As pessoas me veem como otimista, jovial, espontâneo e eu concordo com elas.

**Pergunta –** A sua busca por coisas, pessoas, eventos novos é recorrente e você se sente altamente motivado a experimentar essas novas experiências? Escreva sobre ela.

|  |
|--|
|  |
|  |
|  |

> **Desafio:**
> Crie uma lista de momentos tristes que você vivenciou até hoje. Valem somente momentos nos quais você se viu realmente vivendo a tristeza a ponto de as pessoas que conviviam com você perceberem.

Nível do desafio na sua percepção: 1 2 3 4 5 6 7 8 9 10

**O Chefe**: protejo os mais fracos de um mundo injusto, mesmo que isso custe as pessoas me verem como intimidador, protetor e controlador. Tenho autoconfiança e me coloco sempre em um desafio com a convicção de que vou vencer, afinal de contas, sou forte e sei como conseguir o que quero.

**Pergunta** – É comum, de maneira consciente ou não, as pessoas se sentirem intimidadas por você, mesmo que por dentro esteja se sentindo ameaçado? Escreva sobre isso.

|   |
|---|
|   |
|   |
|   |
|   |

> **Desafio:**
> Pare por um momento e pense em algo no qual se sente vulnerável. Escolha uma pessoa da sua confiança e compartilhe com ela o seu sentimento de vulnerabilidade, descrevendo com precisão como se sente, como pensa e age.

Nível do desafio na sua percepção: 1 2 3 4 5 6 7 8 9 10

# PROPÓSITO DE VIDA

**O Mediador**: sou tranquilo, calmo e complacente, tomar um partido e correr o risco de gerar conflitos e divisões não faz parte da minha história. Percebo-me sempre receptivo e disponível para o que os outros me pedem. Embora muitas vezes queira dizer "não", me contenho sem demonstrar que estou contrariado.

**Pergunta** – Você tem dificuldades em expressar a sua opinião de maneira autêntica, assertiva e transparente? Escreva sobre isso.

**Desafio:**
Nos próximos dois dias você irá decidir por coisas triviais que dependem da opinião de uma ou mais pessoas, por exemplo: o lugar para almoçar. Você não precisa necessariamente fazer a sua opção ser a escolhida, mas é fundamental que você expresse realmente o que você quer.

Nível do desafio na sua percepção: 1 2 3 4 5 6 7 8 9 10

**Nota para o item Desafio**: Quanto maior a nota dada ao desafio, maior a chance de você se identificar com esse tipo e maior é o desenvolvimento de que você pode se beneficiar ao executar o desafio.

Sabrina Mello  Tatiana Vial

# Decida-se!

# PROPÓSITO DE VIDA

Você já parou para pensar que a todo momento você toma uma decisão? Mesmo nas atividades que temos como rotina, se olharmos além, veremos que se tratam de processos decisórios. Decidimos levantar ou não da cama após acordar, escovar ou não os dentes, tomar ou não café da manhã, qual roupa vestir, qual caminho tomar para o destino que estamos indo e até mesmo estar lendo este parágrafo agora, neste momento. Tudo isso só acontece porque decidimos fazer.

Portanto, podemos afirmar que todos nós temos capacidade, habilidade e recursos para tomadas de decisão. Com isso também podemos afirmar que a vida é feita de escolhas.

Entretanto, mesmo dotados desse arsenal de possibilidades, nos vemos paralisados diante de algumas decisões que temos de tomar em nossas vidas. Que tal ir até o capítulo EQUILÍBRIO E DEFINIÇÃO DE METAS e refletir qual é a área da sua vida que precisa de uma decisão para que você fique mais satisfeito?

Escreva aqui a área:_____

Sabendo qual é a área da vida em que você precisa tomar uma decisão, responda:

***O que eu preciso decidir fazer para que essa área me deixe mais satisfeito?***

|  |
|--|
|  |
|  |
|  |
|  |
|  |
|  |

Verifique a sua resposta, leia em voz alta e perceba como você se sente ao ler o que escreveu. Você sente alegria, motivação, tristeza, medo? Qual é o sentimento? Seja qual for, seja curioso e o sinta, não o exclua, apenas sinta e o acolha.

Também perceba como o seu corpo reage ao ler e ouvir o que você escreveu. Qual é a sensação? Frio na barriga, motivação, ânimo, desânimo, gana, ou o que for. Seja também curioso e persistente pois nosso corpo fala conosco o tempo todo, sinta e acolha a sensação.

Caso você sinta desconforto, mude as palavras, mude a forma de escrever até você se sentir confortável e não confunda conforto com sentimentos e sensações que julgamos "boas". Você pode, por exemplo, sentir medo e desânimo, porém, por ser uma decisão desafiadora. Nesse caso é mais do que importante você seguir em frente.

## PROPÓSITO DE VIDA

Escreva novamente a sua decisão:

|  |
|---|
|  |
|  |
|  |
|  |
|  |
|  |
|  |

Agora que você já alinhou a sua decisão com a mente, o coração e o corpo, pode agora se valer de mais recursos para que mantenha a sua decisão.

Escreva aqui tudo o que você percebe que tem e que pode te dar força para realizar o que decidiu. Por exemplo: se você decidiu praticar atividade física três vezes na semana, vai se perguntar o que você possui que pode contribuir para que isso aconteça. Pode ser a sua determinação, garra, persistência, entre outros atributos que você conhece e percebe que podem lhe trazer força para executar o que decidiu.

Se tiver dificuldades, pense em algo muito difícil que você já realizou na sua vida e analise o que você teve naquele momento e que te ajudou a realizar. Também pode pensar o que alguém que te conhece muito enxerga como força em você. Ouça mentalmente o que ela diz e escreva a seguir junto com os outros atributos que você já identificou:

Minhas forças para executar a decisão de (escreva aqui sua decisão).

1 ___
2 ___
3 ___
4 ___
5 ___
6 ___
7 ___
8 ___
9 ___
10 ___

Gurdjieff, místico e filósofo, costumava dizer que todo ser humano tem vários indivíduos contidos em si, por isso muitas vezes tomamos uma decisão e essa decisão não se mantém, pois outras partes em nós não decidem da mesma forma.

Pare agora um momento e pense quais são as fraquezas que podem impedi-lo de realizar o que decidiu. Pode ser que essas fraquezas sejam, inclusive, provenientes dessas partes que estão contidas em nós, portanto, seja curioso e honesto consigo mesmo e explore quais as possibilidades de você enfraquecer-se e não realizar o que decidiu.

## PROPÓSITO DE VIDA

1 _____

2 _____

3 _____

4 _____

5 _____

6 _____

7 _____

8 _____

9 _____

10 _____

Olhe a sua volta, perceba o seu ambiente. Pense também nos demais ambientes que você frequenta, incluindo pessoas, rotinas e faça um diagnóstico de quais são as oportunidades e ameaças que o ambiente pode lhe oferecer para executar ou não o que decidiu.

Tomando o mesmo exemplo anterior: a decisão de praticar atividade física no mínimo três vezes por semana. Se onde você mora tem uma academia já é uma oportunidade. Se a academia fica a muitos quilômetros de distância e requer muita logística para você chegar, é uma ameaça. Se as pessoas com que você convive são pessoas que não se importam com atividades físicas e não fomentam isso nos outros, é uma ameaça. Se você conhece um grupo ou até uma pessoa que vive de maneira saudável e pratica atividades físicas, se aproximar dela é uma oportunidade.

Faça esse exercício e escreva as suas oportunidades e ameaças:

| OPORTUNIDADES | AMEAÇAS |
|---|---|
| 1. | 1. |
| 2. | 2. |
| 3. | 3. |
| 4. | 4. |
| 5. | 5. |
| 6. | 6. |
| 7. | 7. |
| 8. | 8. |
| 9. | 9. |
| 10. | 10. |

Parabéns pela decisão que você tomou de olhar de maneira profunda para essa área da sua vida e "decidir decidir-se" fazer algo a respeito.

Para concluir e você se manter firme e congruente nesse propósito, liste todas as suas forças e oportunidades em uma folha separada e coloque em um lugar de fácil visualização diária.

Quando focamos no que temos e naquilo que podemos controlar, o nosso foco vai para a realização, pois nos sentimos de maneira consciente e inconsciente confiantes e capazes, e o contrário acontece quando colocamos a nossa atenção naquilo que não temos e não controlamos.

# CRENÇAS

Somos resultado daquilo que acreditamos, e aquilo que acreditamos é ou não consciente. Se você acredita que é uma pessoa simpática, vai agir como tal. Estamos expostos aos resultados de tudo aquilo que acreditamos, é como olhar para uma árvore: enxergamos o tronco, as folhas, os frutos, mas só enxergamos isso porque existe uma raiz profunda que possibilita que ela exista. Assim são as nossas crenças, profundas, enraizadas e determinantes para aquilo que somos e da forma que nos apresentamos ao mundo.

É bastante curioso vermos como as crenças, por mais profundas que sejam, muitas vezes mudam. Isso nos possibilita usarmos dessa mesma dinâmica para mudarmos crenças que não nos ajudam. Para que você acredite nisso, faça o seguinte exercício:

Pense no que você acreditava, acredita e provavelmente acreditará sobre os temas a seguir e nas respectivas fases da sua vida:

## Quadro de Crenças

| TEMA | INFÂNCIA | ADOLES-CÊNCIA | JUVEN-TUDE | FASE ADULTA | "MELHOR IDADE" APÓS 65 ANOS |
|---|---|---|---|---|---|
| FINANÇAS | | | | | |
| SEXO | | | | | |
| LAZER | | | | | |
| TRABALHO | | | | | |
| MORADIA | | | | | |

## Crenças limitantes

Que tal agora você identificar quais são as crenças que estão limitando você a alcançar aquilo que deseja?

Identificá-las irá auxiliá-lo no processo de mudança de crenças, visto que agora você já sabe que é possível mudá-las e através dessa transformação chegar até o resultado esperado.

1. Selecione uma meta que definiu - retorne ao capítulo **Equilíbrio e Definição de Metas**, se for preciso.

2. Inclua sua meta em cada item a seguir, transformando-a em afirmações.

3. Leia em voz alta cada uma das afirmações e de maneira intuitiva e instintiva pontue cada uma delas de 1 a 10, sendo: 1 = não acredito e 10 = acredito totalmente.

4. Ao final separe as afirmações entre as com nota abaixo de 7 e as com igual ou maior que 7.

a. Eu mereço alcançar_____ (meta)

b. É totalmente possível obter _____ (meta)

c. Eu tenho capacidade para_____ (meta)

d. Eu tenho todos os recursos internos
necessários para alcançar_____ (meta)

e. Eu consigo atingir _____ (meta)

| Crenças possibilitadoras (igual ou maior que 7) | Crenças limitantes (menor que 7) |
|---|---|
|  |  |
|  |  |
|  |  |

## Mudança de Crenças

Tomando consciência da crença limitante (ou das crenças) acerca da sua meta, é importante que estabeleça formas de transformá-la. Atente que o convite é para a mudança e não para a exclusão, pois, se ela existe, é porque um dia em algum momento ela foi útil para você e/ou ela só existe porque por detrás dela existe uma intenção positiva e que, por causas normais da vida, inconscientemente, ela foi distorcida e hoje gera essa limitação.

1. Respire fundo e escreve a crença limitante abaixo:

2. Reveja o quadro de crenças e depois leia sua crença limitante. Reflita como as crenças mudam ao longo da vida e que essa é mais uma que pode ser mudada.

3. Quais são as desvantagens de continuar a acreditar nisso?

4. Quais os ganhos secundários que eu recebo ao manter essa crença?

5. Houve algum momento na minha vida em que essa crença não se confirmou?

6. No que eu escolho acreditar ao invés disso?

## PROPÓSITO DE VIDA

7. Transforme a resposta anterior em uma afirmação e a coloque no tempo presente. Não utilize palavras como "não, nunca, jamais" e não a escreva no tempo passado e no tempo futuro, escreva como se ela estivesse acontecendo neste momento.

|   |
|---|
|   |
|   |
|   |
|   |
|   |

8. Relembre agora um momento da sua vida em que você se sentiu totalmente aberto a acreditar em algo novo. Talvez fechando os olhos e respirando de maneira tranquila e profunda, virá até você a imagem dessa época e como você se sentiu. Com isso, traga a mesma sensação para o momento presente e tome consciência da nova crença.

9. Como seria para você acreditar na nova crença que escreveu no item 7?

|   |
|---|
|   |
|   |
|   |
|   |
|   |

10. Quais são os resultados que você pode obter com a nova crença?

|  |
|--|
|  |
|  |
|  |
|  |
|  |

11. Qual a diferença que essa crença pode gerar em você e em todos que estão ao seu redor?

|  |
|--|
|  |
|  |
|  |
|  |
|  |

## PROPÓSITO DE VIDA

# Aceitação

Aceitar não é, necessariamente, concordar. É, sim, olhar para si, para o outro e para as situações com resiliência. Olhar para nosso passado e aceitar que estamos aqui, somos o que somos porque vivemos o que vivemos, por mais que os desafios enfrentados tenham sido muitos.

Agora, sugerimos que você traga o seu olhar para o que aceita em si, no outro e na criança que um dia foi.

## PROPÓSITO DE VIDA

1. Pegue um pequeno espelho e o coloque de frente para você.

2. Respire de maneira lenta e profunda.

3. Olhando para a sua imagem diga seu nome seguido de "eu o amo e aceito exatamente como você é". Repita isso por no mínimo três vezes.

Como é para você acolher essas palavras? O que você sente ao dizer isso a você mesmo?

|  |
|--|
|  |
|  |
|  |
|  |
|  |

De quem você também espera e/ou esperava ouvir isso? Como é para você dizer o mesmo para essa pessoa? Olhando para ela e dizendo "(nome da pessoa), eu o amo e aceito exatamente como você é"? Faça o mesmo exercício olhando para uma imagem da pessoa, ou para ela mesma frente a frente, e depois escreva o que sentiu e o que mudou em relação ao seu sentimento por ela.

|  |
|--|
|  |
|  |
|  |
|  |
|  |

4. Respire de maneira lenta e profunda.

5. Pegue agora uma imagem de quando você era criança (entre quatro e sete anos). Nós a chamaremos de "sua criança", e olhando para a imagem dela diga "Eu o amo e aceito exatamente como você é. Agora eu sou adulto e posso cuidar de você".

Como é para você acolher essas palavras? O que você sente ao dizer isso para a sua criança?

|  |
|---|
|  |
|  |
|  |
|  |
|  |

Imagine que mensagem a sua criança, após ouvir essas palavras, enviaria para você no dia de hoje, como se fosse um *e-mail* vindo do passado direto para o presente. Confie na sua intuição e escreva o que ela quer te dizer.

|  |
|---|
|  |
|  |
|  |
|  |
|  |

## PROPÓSITO DE VIDA

Agora que você chegou no final do nosso livro, vamos tentar responder à pergunta que te fizemos lá no começo?

Qual seu propósito de vida?

_____
_____
_____
_____
_____

Por quê?

_____
_____
_____
_____
_____

Para quê?"

_____
_____
_____
_____
_____

Boa sorte e que você viva seu propósito!

Sabrina Mello e Tatiana Mello

## **Meu espaço dos sonhos**

Um dos nossos objetivos com este livro é que você volte a sonhar e se reconecte com seus sonhos.

Sonhar é livre, portanto, você pode sonhar sem limites.

Não fique se questionando como ou por quê. Apenas sonhe.

Desenhe, escreva e crie.

**PROPÓSITO DE VIDA**

Sabrina Mello   Tatiana Vial

# Conclusão

Parabéns!

Ficamos muito felizes que você tenha completado esta jornada. Você pode ter percebido, durante sua leitura, que o caminho que nos leva ao autoconhecimento, à consciência e a viver o nosso propósito nem sempre é fácil. Porém, estamos certos de que percorrer essa jornada vale muito a pena.

Se, durante sua leitura, você tiver descoberto algo novo sobre você ou sobre algo que traga mais significado à sua vida, nosso propósito foi alcançado.

Vale lembrar que o que diferencia conhecimento de sabedoria é o quanto colocamos em prática o primeiro para alcançar a segunda. Portanto, o verdadeiro aprendizado virá no momento em que você fechar este livro e voltar para a sua vida, com planos, metas, mas, principalmente, com um lindo propósito que faça tudo isso valer a pena!

## Referências bibliográficas

ACHOR, Shawn. O jeito Harvard de ser feliz. São Paulo: Saraiva, 2012.

ADAS, E., MELLO, S., CHEQUER, R., e VIAL, T. Detone: você em alta performance nos momentos decisivos. São Paulo: Matrix, 2016.

BROOKS, D. O Animal Social: a história de como o sucesso acontece. Rio de Janeiro: Objetiva, 2014.

BROWN, B. A coragem de ser imperfeito: como aceitar a própria vulnerabilidade, vencer a vergonha e ousar ser quem você é. Rio de Janeiro: Sextante, 2016.

STÉFANO, R. di. Manual do sucesso total. Rio de Janeiro: Elevação, 2000.

DUPREÉ, U. E. Ho'oponopono and Family Constelations – A traditional Hawaiian healing method for relationship, forgiveness and love. Earthdancer Editor, 2017.

HANH, T. N. Transformações na consciência. São Paulo: Pensamento, 2006.

HAY, L. L. Você pode curar sua vida. Rio de Janeiro: Best Seller, 2017.

HELLINGER, B. No Centro Sentimos Leveza – Conferências e Histórias. 4. ed. Cultrix, 2015.

HOLANDA, A. Como se encontrar na escrita: o caminho para despertar a escrita afetuosa em você. Rio de Janeiro: Bicicleta Amarela, 2018.

LAGES, A., O'CONNOR, J. Coaching com PNL - O guia prático para alcançar o melhor em você e em outros. 2. ed. Qualitmark, 2014.

MURPHY-HOWE, R. Deep Coaching Using the Enneagram as a catalyst for profound change. Enneagram Press, 2007.

ROMA, A., BATISTA, A., e CURSINO, N. Coaching com Eneagrama: descubra como gerar resultados transformadores unindo estas duas ferramentas. São Paulo: Leader.

ROSENBERG, M. B. Comunicação Não-violenta: técnicas para aprimorar relacionamentos pessoais e profissionais. São Paulo: Ágora, 2006.

SANDBERG, S. Faça acontecer: mulheres, trabalho e a vontade de liderar. São Paulo: Companhia das Letras, 2013.

SCHNEIDER, J. R. *et al*. O Mundo das Constelações - 31 perspectivas internacionais. Editora Conexão Sistêmica, 2015.

TAN, C. Busque dentro de você. São Paulo: Novo Conceito, 2014.